G.A. MANN

Le CHAPEAU
de la VOLONTÉ
vous va-t-il ?

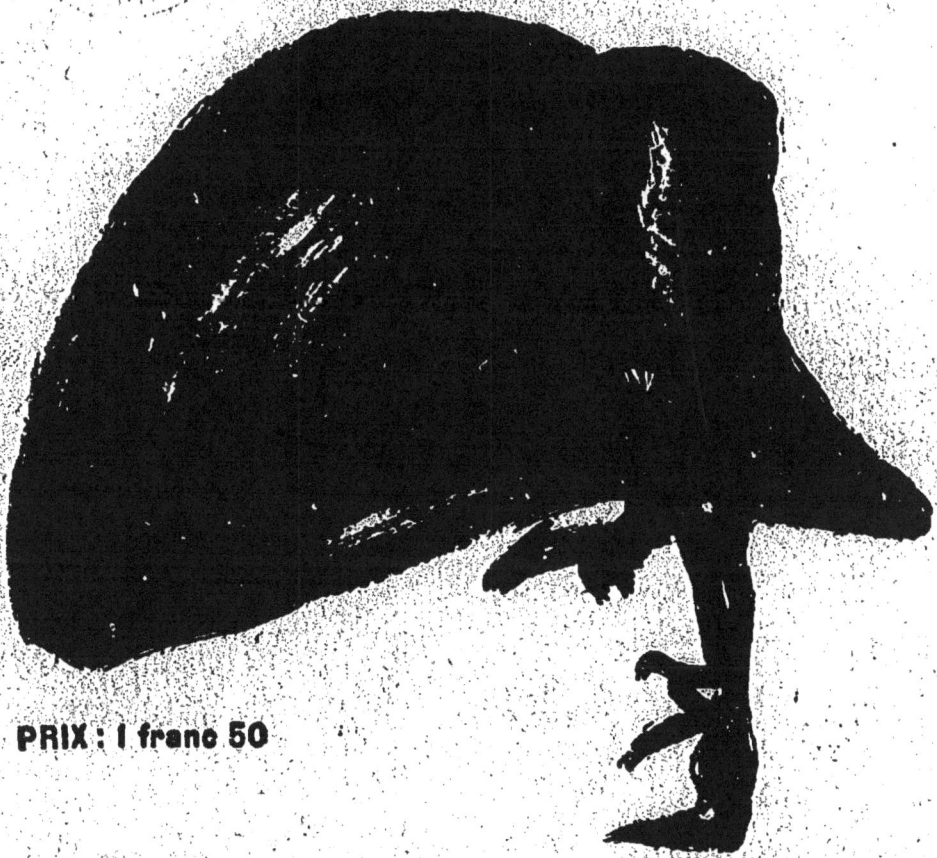

PRIX : I franc 50

LIBRAIRIE INTERNATIONALE DE LA PENSÉE NOUVELLE

28, rue Victoria   15, Rue du Louvre, 15   107, State St.
LONDRES   **PARIS**   **ROCHESTER N.-Y.**
1913

G. A. MANN

La Volonté dans la Vie

DIX CONFÉRENCES

Un fort volume in-8° carré, 1912., **5** fr.

1° LA VOLONTÉ ET L'AMOUR.
2° LA VOLONTÉ DANS LE MÉNAGE.
3° LA VOLONTÉ ET LES ENFANTS.
4° LA VOLONTÉ AVEC LES SUPÉRIEURS, LES INFÉRIEURS ET LES ÉGAUX.
5° LA VOLONTÉ ET LA FORTUNE.
6° LA VOLONTÉ ET LA RELIGION.
7° LA VOLONTÉ ET LA SANTÉ.
8° LA VOLONTÉ ET LA PATRIE.
9° LA VOLONTÉ ET L'INFLUENCE.
10° CULTURE DE LA VOLONTÉ.

Ces dix Conférences se vendent aussi séparément

Chaque Conférence forme une belle brochure in-8° carré . . . . 0 fr. 50

LIBRAIRIE INTERNATIONALE DE LA PENSÉE NOUVELLE

Le Chapeau de la Volonté vous va-t-il?

LIBRAIRIE INTERNATIONALE DE LA PENSÉE NOUVELLE

Ouvrages de G. A. MANN

Le Développement de la Volonté par l'Entraînement de la Pensée, 3ᵉ édition, un volume in-8ᵉ
raisin .. .. **7 fr. 50**

Cosmogonie et Force Pensée, ou Faculté unique
de l'Homme, un volume in-8ᵉ raisin .. .. .. **9 fr. » »**

La Pensée Nouvelle et l'Art de supprimer la
Pauvreté, la Maladie et les Insuccès, un volume in-8ᵉ raisin .. .. **5 fr. » »**

Le Prêtre peut-il faire des Miracles? un vol. in-8ᵉ. **2 fr. 50**

LA VOLONTÉ DANS LA VIE

1º La Volonté et l'Amour, brochure in-8ᵉ.. .. .. **0 fr. 50**
2º La Volonté dans le Ménage, brochure in-8ᵉ .. **0 fr. 50**
3º La Volonté et les Enfants, brochure in-8ᵉ.. .. **0 fr. 50**
4º La Volonté avec les Supérieurs, les Inférieurs
et les Égaux, brochure in-8ᵉ.. .. .. **0 fr. 50**
5º La Volonté et la Fortune, brochure in-8ᵉ. .. **0 fr. 50**
6º La Volonté et la Religion, brochure in-8ᵉ. .. **0 fr. 50**
7º La Volonté et la Santé, brochure in-8ᵉ .. .. **0 fr. 50**
8º La Volonté et la Patrie, brochure in-8ᵉ .. .. **0 fr. 50**
9º La Volonté et l'Influence, brochure in-8ᵉ.. .. **0 fr. 50**
10º Culture de la Volonté, brochure in-8ᵉ.. .. .. **0 fr. 50**

OUVRAGES DU MÊME AUTEUR
Traduits en allemand

Die Entwicklung der Willenskraft durch die
Erziehung des Denkens. Ein starker Band,
Gross-8ᵉ .. .. **Mark 9.-**

Die Gedankenkraft. *Die unvergleichliche Faehig-
keit. Mechanismus der Telepathie. Der Ville.
Sammeln und Fassen der cosmischen Kraefte.
Neue Theorie des Einflusses des Menschen auf
den Menschen.* Ein starker Band, Gross-8ᵉ . .. **Mark 9.-**

Das neue Denken und die Kunst Armuth,
Krankheit und Misserfolge zu vermeiden.
Ein starker Band, Gross-8ᵉ .. .. **Mark 6.-**

Le CHAPEAU
de la VOLONTÉ
vous va-t-il?

LIBRAIRIE INTERNATIONALE DE LA PENSÉE NOUVELLE

28, rue Victoria   15, Rue du Louvre, 15   107, State St.

LONDRES   **PARIS**   **ROCHESTER N.-Y.**

1913

Introduction

DE tout temps on a préconisé la Volonté comme moyen d'action, mais nulle part, dans aucun ouvrage, autres que ceux traitant de la Pensée Nouvelle, on ne trouve le moyen pratique de développer cette volonté. Le présent ouvrage n'a pas la prétention de donner ce moyen; il désire simplement revendiquer l'honneur de permettre un premier pas vers l'acquisition de cette importante qualité. Pour le nouvel adhérent à la Pensée Nouvelle cet ouvrage sera ce qu'est l'A B C pour l'écolier, c'est-à-dire une initiation primaire, une introduction à la nouvelle manière de penser, préconisée par la doctrine moderne de la Pensée Nouvelle. Cette doctrine pourrait à juste titre être considérée comme l'entrée dans l'eden de la vie ; elle est, en effet, la porte qui y donne accès en modifiant du tout au tout les relations d'homme à homme : dans la famille, l'industrie, le commerce, la politique, en un mot, dans toutes les branches de l'activité humaine.

Tout être humain qui étudie les quelques principes sur lesquels repose la Pensée Nouvelle et qui, ayant trouvé ces principes justes, met ensuite cet enseignement en pratique, peut rester assuré que succès, bonheur et santé seront vraiment et pour toujours son partage.

Cette nouvelle doctrine contient tous les éléments pour régler la question sociale et nous ne craignons pas de prédire qu'elle sera l'instrument choisi par les masses pour atteindre leur but et rétablir l'accord entre ceux que la vieille, l'ancienne manière de penser avait désunis en *établissant entre des êtres intelligents une ligne de démarcation qui leur apparaît comme un infranchissable précipice.*

Tout le mal dont souffre l'humanité vient de notre manière de voir et de penser. En transformant la pensée humaine nous transformons l'homme, le précipice alors nous apparaît ce qu'il est vraiment, un simple mirage, le désaccord devient une sottise indigne du roi de la création, l'harmonie redevient la règle au lieu d'être l'exception. La Pensée Nouvelle est donc vraiment une philosophie humanitaire que l'on pourrait presque élever à la dignité de religion sociale. Elle est, en tout cas, la doctrine du bonheur, du succès et de la réussite ; à ce titre, elle intéresse tout homme digne d'être appelé ,, être pensant ".

CHAPITRE PREMIER

Puissance de la Volonté
Individuelle et Collective

Rôle prépondérant de la Volonté dans le monde ; son action sur les grands évenements et sur le moindre de nos actes.

N APOLÉON est la personnification de la volonté invincible.

Mort depuis près d'un siècle dans une île lointaine, séparé des siens, presque étranger à la France qu'il avait faite grande, la volonté de Napoléon n'est pas morte avec lui, cette volonté plane encore de nos jours sur l'âme française. Sous son influence cette âme vibre, prend son vol vers les régions glorieuses de la suprématie et là continue à régner.

Napoléon est revenu en France, nos pères ont été témoins des grandioses manifestations patriotiques qui ont salué la dépouille de ce maître de la terre ; et depuis que ses cendres reposent aux Invalides, des milliers de personnes viennent chaque jour contempler le sarcophage où sont déposés ses restes. Il n'est pas autour de ce tombeau de visiteurs indifférents. A peine entré dans cette chapelle imposante, vous vous sentez pris par les vibrations volitives de Napoléon et, sans vous en douter, pour l'instant vous êtes devenu un héros.

Si maintenant je vous demande: qu'est-ce que la Volonté ? Vous vous prenez à réfléchir et, démonté par le sentiment d'un pouvoir si extraordinaire, vous êtes effrayé vous-même de la réponse inéluctable provoquée par la question. Eh bien ! sachez-le, la Volonté est la plus forte, la plus grande, la plus effective de toutes les puissances.

L'homme maigre, petit ou faible, possédant une volonté forte, est le maître du géant se complaisant dans son apathie intellectuelle. Napoléon-Bonaparte, petit citoyen sans nom, sans fortune, sans relations, né dans cette île de Corse à peine considérée comme française, s'élève, de par sa volonté seule, au rang de premier citoyen de notre grand pays, se place à la tête des monarques européens et, après leur avoir dicté ses volontés, les force à exécuter ses plans, à payer tribut à la France.

Napoléon et volonté sont deux noms synonymes : ils veulent dire puissance, succès, invincibilité.

La Volonté est la faculté maîtresse de l'homme, et Napoléon est l'homme dans lequel cette faculté s'est incarnée et manifestée dans toute sa puissance. Si Napoléon est tombé, la volonté ne l'a jamais abandonné dans sa chute, ni n'en a été la cause. Napoléon est tombé pour avoir abandonné

sa mission de simple instrument d'une faculté toute puissante ; il s'est laissé subju-
guer par l'orgueil, auteur de toute les per-
tes, de toutes les déceptions, de tous les
insuccès. Il est arrivé un moment où
Napoléon, se considérant comme la toute-
puissance, s'est laissé entraîner vers la pente
fatale, et c'est ainsi que son pouvoir d'hier
s'est changé tout à coup en impuissance le
lendemain,

L'homme charnel disparu, les vibrations
intimes qu'il avait projetées sur le pays
tout entier demeurent ; chaque jour elles se
font sentir avec un renouveau d'activité,
si bien que la France n'attend qu'un homme
personnifiant la volonté marquée par
Napoléon, pour occuper le rang auquel la
destine son développement intellectuel, moral et matériel.

Or, si au lieu d'une volonté unique, nous
mettons des centaines, des milliers de
citoyens français en mesure d'être, comme
Napoléon, les instruments d'action de cette
faculté grandiose, nous obtenons un résultat
si magnifique que la France sera placée

d'emblée sur un piedestal vers lequel convergera l'admiration de tous les peuples de la terre.

La volonté réside dans toutes les âmes, dans tous les intellects, dans tous les individus ; mais il faut la développer dans toute sa plénitude. L'homme de volonté, c'est l'homme de génie, car l'un ne va pas sans l'autre, et quel est donc le français qui refuserait de devenir un homme de génie ? Quelle est la personne, qui résisterait au désir d'acquérir une puissance égale à celle d'un Napoléon, d'un Washington, ou d'une quelconque de ces célébrités que nous admirons, que nous adorons presque, sans comprendre pourquoi ? Non, nous ne savons pas ce qui nous attire à eux ; nous ne savons ou ne comprenons pas pourquoi ils sont devenus des miroirs et nous des alouettes ; c'est pourquoi quelques explications sont nécessaires, si nous voulons montrer la splendeur de l'étonnant succès de ceux que nous appelons grands hommes.

Devenus grands à notre tour, conquérons un royaume, un empire comme les

Napoléon. Il est beau de développer en soi la volonté, et quand on l'a acquise de l'employer à bon escient ; de ne pas se considérer comme étant le dieu, mais de laisser à la volonté la préséance, pour ne nous considérer que comme son humble instrument. Alors, au lieu d'être d'argile, nous sommes d'acier, au lieu de brilloter comme du verre, nous avons le feu du diamant ; nous sommes, en un mot, comme des dieux et faits à leur image.

Voilà le but auquel chacun de nous doit parvenir. Mais, l'homme de volonté doit ne pas compter uniquement sur lui-même : il doit compter sur le concours des autres hommes de volonté, de façon à ce que, tous réunis, ils deviennent des héros invincibles. Voilà ce que doit réaliser la Ligue de la Pensée Nouvelle, dont nous aurons à vous reparler. Pour le moment, revenons à Napoléon.

A l'étranger, aux oreilles duquel, pour la première fois, résonne le mot : Hôtel des Invalides, ce nom ne dit rien de spécial, mais lorsque cet étranger pénètre sous la voûte de la chapelle, de ce monument de nos gloires, ses yeux s'élèvent et son cœur se serre, car il voit les vieux drapeaux, ceux de sa patrie, servant de glorieuse tapisserie à ce temple. C'est le temple de la grande épopée, dont Napoléon fut le héros et dont les empereurs, les rois européens, leurs généraux et leurs armées furent les tristes victimes.

Le visiteur introduit dans ce sanctuaire voit les couleurs nationales, il se rappelle les victoires de la France, et il se rend compte des terreurs que souleva jadis, dans son pays, notre armée victorieuse.

L'étranger se rappelle l'histoire et les haines provoquées par le grand conquérant; cependant, lorsque, quittant la chapelle, il va visiter le tombeau du grand homme, des vibrations de force, malgré lui, font battre son cœur, le patriotisme s'empare de son âme et, sans savoir comment, pour l'instant il devient français, il devient l'admirateur de cette puissante volonté.

Il sort de là et pénètre dans le musée. Tout, dans cette petite salle, rappelle Bona-

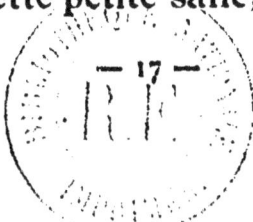

parte et ses victoires, le harnachement des chevaux arabes, les bâtons de maréchal de France, les ordres signés de ce nom illisible qui fait tache. Tout éblouit le visiteur, et tout lui arrache des cris d'admiration ; devant ces souvenirs, insignifiants et grandioses tout à la fois, il oublie les guerres, les batailles perdues par les siens, les victoires gagnées par les nôtres, il ne voit plus que le génie du grand conquérant : cette simple redingote grise qui couvrait tant de génie, et ce chapeau noir, ce chapeau historique qui abrita la grande tête de ce petit homme, il l'appelle : « Le Chapeau de la Volonté ».

Ce chapeau n'était pas, sur la tête de Napoléon, le panache d'Henri IV, ce n'était pas le couvre-chef rayonnant de nos anciens chevaliers ; pas de plumes, rien de ce qui distingue le chef du commun des mortels : un simple chapeau noir, mais quel chapeau! Quelle volonté puissante cachait cette simplicité ! Lorsque Napoléon voulait, l'univers lui apparaissait comme une coquille de noix qu'il pouvait écraser sous le talon de sa botte. C'était là, dirait-on, une volonté brutale, excessive, mêlée d'orgueil; soit, mais ce n'en était pas moins la volonté, la volonté de celui qui veut toujours, qui veut constamment, qui veut quand même, qui jamais, pour quelque raison que ce soit, ne se laisse arrêter lorsqu'une décision a été une fois prise.

Quelque reproche que l'on puisse faire à l'Empereur, qu'on le blâme pour son orgueil, pour son autocratie, pour son divorce, pour son attachement aveugle à Joséphine, on ne pourra jamais lui reprocher d'avoir manqué de volonté, et jamais on ne pourra dire que ,, Le Chapeau de la Volonté'' n'était pas celui qui couvrait la tête de Napoléon?

Eh bien, ce chapeau vous va-t-il?

Vous qui lisez ces lignes, êtes-vous l'homme énergique, déterminé, qui ne recule jamais devant son devoir? Si l'on plaçait sur votre tête ,, Le Chapeau de la Volonté'' seriez vous sûr de ne pas le déshonorer, seriez-vous sûr qu'il vous irait?

Pouvez-vous dire : Je veux? Et cette

parole serait-elle suivie de l'acte ? Votre vouloir deviendrait-il effectif ? Voilà la question que vous devriez inscrire en lettres flamboyantes sur les murs de votre chambre, que vous devriez lire soir et matin.

Et, chaque fois que ce point d'interrogation frapperait votre regard, vous devriez faire un effort nouveau. Petit à petit disparaîtraient les faiblesses dont vous souffrez ; l'insuffisance de votre vouloir, votre manque d'énergie, votre impuissance à transformer votre volonté en acte, se changeraient en force, vous relèveriez la tête, vous feriez la conquête entière de vous-même et, bientôt, la maîtrise enfin obtenue, vous vous diriez :

Je porterai le ,, Chapeau de la Volonté '' je le sens, j'en deviens enfin digne.

Napoléon vit toujours parmi nous. Suivons l'exemple de volonté qu'il donna à la France, mais fuyons l'orgueil qui tue... Non, Napoléon n'est pas mort. L'ombre du héros plane sur le pays et effraie un peu ceux qui trouvent que la France doit être contente du sort qu'ils lui font

Gardons-nous toutefois de croire que tous les actes de l'Empereur étaient des actes de volonté. Sur la fin de sa carrière, grisé par l'ambition, abandonné par ceux qu'il avait enrichis, Napoléon ne fut plus lui-même. Le vrai Napoléon, le Napoléon de la volonté, c'est le lieutenant tenace qui cache sous ses cheveux plats un cerveau puissant, c'est le général qui vole de victoire en victoire, c'est le premier consul qui délivre le pays des bandes de brigands et de chauffeurs, c'est l'Empereur qui donne une organisation et une administration à la France.

Ce que nous admirons en lui, c'est cette étonnante puissance de volonté et de travail qui, non seulement fait grandir sa personnalité, mais, par contre-coup, donne au peuple conscience de l'unité et de la force française.

Administrativement, judiciairement, militairement, commercialement, industriellement la pensée puissante de ce grand organisateur crée le puissant organisme qui, avec ses défauts et malgré ses défauts, assure à la France l'ordre et la puissance résultant de la suite dans les idées, de la fermeté dans l'exécution. Unie sous la main un peu brutale du maître, la France prenait conscience de ses destinées. Aujourd'hui tout s'émiette, tout se désorganise, tout se disloque, l'autocratie sans la volonté a remplacé l'autocratie personnelle qui menait tout et faisait tout converger vers un but unique : l'ordre et la justice. Aujourd'hui, cette justice est détournée de sa voie, elle est employée à des besognes qui ne sont pas les siennes, elle tend à perdre cette auréole si indispensable à son fonctionnement. L'administration que nous enviait l'Europe, livrée aux intrigues, divisée par de scandaleux avancements, perd chaque jour quelques-uns des principes qui firent sa force. Les fonctionnaires montrent leur mécontentement et pensent plus à leurs revendications qu'à une besogne devenue ingrate.

Le Clergé est traqué, l'Armée découragée.

L'ouvrier auquel on a tout promis se plaint de ne rien avoir.

Le syndicalisme devient un moyen de s'enrichir.

Le patron, accablé de charges pécuniaires, produit à perte, le commerçant, gêné aux entournures par les lois inutilement tracassières, envie les pays libres et dépérit. Le crime triomphe, l'Apache règne et, chaque jour, des jeunes gens, des enfants qui ne veulent plus se battre pour la France, versent leur sang — et celui des passants — pour quelque maigre butin ou simplement pour le plaisir.

Voila où en est la France. De tous ses vœux elle appelle à son aide les hommes de volonté qui sauront substituer l'ordre à l'anarchie, la prospérité à la ruine, l'apogée à la décadence.

Quoi d'étonnant si le particulier (je n'en connais pas un de satisfait) cherche à se rendre compte de ce qui nous manque à tous pour être heureux? Eh! bien, lecteurs, ce qui nous manque, *c'est la volonté de bien faire.*

Bien faire, c'est là le but que poursuit avec ardeur la Pensée Nouvelle. Par elle il y aura bientôt parmi nous je ne dis pas un, mais dix mille, cent mille Napoléon, la volonté de bien faire se manifestera dans le cœur de tous les citoyens français ; tous mettront le Chapeau de la Volonté, ils transformeront la patrie parce qu'ils sauront vouloir.

CHAPITRE II

La Volonté de Jeanne d'Arc

JEANNE la grande, Jeanne la glorieuse, type de volonté, d'énergie et d'action, fait un peu honte à l'homme qui se targue d'être, par sa supériorité, le privilégié de la nature. L'homme possède-t-il vraiment plus de volonté que la femme? Celle-ci est-elle vraiment un être inférieur requérant la protection d'un maître?

Pour répondre à ses questions il suffit de suivre Jeanne dans sa courte carrière, de la voir dans son triple rôle de bergère, de guerrière, de martyre, de chercher ensuite dans l'histoire de la France un homme qui l'ait égalée et de comparer son rôle à celui joué par ses compagnons d'armes.

Jeanne d'Arc n'était qu'une jeune fille, simple et sans expérience, n'ayant eu à pratiquer ni les vertus de l'épouse, ni celles de la mère de famille.

Bergère, le destin l'avait désignée pour vivre au grand air, comme ces fleurs des champs qui naissent, nous embaument et disparaissent, mais, sa volonté se développant, sans autre contact qu'avec la nature, cette fille naïve et ignorante crée en elle un état d'âme qui l'appelle aux plus hautes destinées.

Son cœur ardent ne rêve que le succès de la Patrie, la victoire de la France et le sacre de son roi. Elle est inspirée, oui, elle nourrit en elle la pensée qui se développe, s'accroît, se magnifie sous les incessantes vibrations d'amour et devient l'action, l'action grandiose, la chevauchée armée contre l'ennemi.

A ce degré d'exaltation de la pensée correspond l'audition des voix, ces voix qui pourraient être entendues par nous tous, mais auxquelles notre oreille reste fermée, — notre ambition mesquine nous rendant sourd à leur appel.

Jeanne écoute, elle entend, et elle obéit; sa volonté lui impose un premier sacrifice, le plus dur peut-être de tous. Elle abandonne ses parents, son pays, son troupeau : pauvres bêtes qu'elle conduisait, protégeait et aimait. Elle part, et sans retourner la tête, sans regarder en arrière elle va offrir à un roi efféminé et peureux l'épée d'acier qui devait conquérir pour lui un trône !

Jeanne cependant n'avait jamais appris à manier l'épée.

Une volonté qui se manifeste de la sorte, est-ce là vraiment une volonté ?

Cette femme, cette jeune fille, presque une enfant, n'a-t-elle pas donné à la France d'alors comme à la France d'aujourd'hui le plus magnifique exemple de volonté que l'histoire ait enregistré. Vouloir et exécuter un acte, alors qu'on ignore si nos forces physiques nous permettront d'aller jusqu'au bout, n'est-ce pas la manifestation la plus éclatante de la volonté telle que nous devons la concevoir, c'est-à-dire ne reculant jamais ?

Jeanne, sur le champ de bataille, ne recule pas ; elle est là, dans sa force, toujours en avant, toujours en tête, courageuse au point que les vieux guerriers habitués à la mêlée tremblent pour elle et se réconfortent à sa vue.

C'est l'agneau terrassant le tigre, c'est la jeune fille tuant le lion. Et, par elle est glorifié cet état d'âme, cette inspiration élevée qui veut, quand même, le bien de la Patrie.

Jeanne connut la victoire et les lauriers, mais jamais une volonté agissante ne put se mettre à l'abri de l'envie. C'est ainsi que Jeanne eut sa première apothéose, l'apothéose de la douleur.

Elle avait assisté au couronnement de son

roi, elle l'avait vu au moment du sacre. Et
ce fut ensuite le supplice. Là même sa volonté ne l'abandonna point; sur le bûcher
les flammes dévorèrent sa chair, elle mon-
tra ce que peut être la volonté d'une
femme, mais ses plaintes demeurèrent en-
fermées dans son cœur.

L'apothéose, commencée dans les souf-
frances, se continue aujourd'hui dans la
gloire.

Après plusieurs siècles l'on reconnaît le
mérite et la valeur de Jeanne d'Arc. Nous
voyons sa statue équestre sur la place de
Rivoli : et cette statue c'est l'apothéose de
la volonté invincible, incarnée dans une
femme. Et cette volonté, plus grande et plus
belle que celle de Napoléon, parce que plus
humble, moins néfaste et plus humaine, devrait servir d'exemple à tout citoyen français.

C'est cette volonté vraie que l'on sa-
lue lorsque, passant devant la statue de
Jeanne d'Arc, on incline la tête. Car cette
admirable jeune fille sut vouloir vraiment.
Jeanne la grande, la victorieuse, sut exé-

cuter sa volonté au point de lui sacrifier sa vie.

Qui donc aujourd'hui sait vouloir et agir comme elle ?

Quel est l'homme qui oserait offrir sa protection à une femme pareille? Personne; aussi semble-t-il qu'il nous faille une Jeanne pour sauver la France, pour la sauver non plus des griffes de l'Angleterre, mais des griffes de ses propres fils. On n'hésite plus aujourd'hui à sacrifier, pour une vaine gloriole, les intérêts de la Patrie, au lieu de lui sacrifier, comme Jeanne, sa jeunesse et ses aspirations personnelles. Mais la Pensée Nouvelle sera la Jeanne nouvelle, ardente et sincère, qui donnera à la France son dévouement et son ardeur.

On a canonisé Jeanne, mais on ne l'a pas grandie, et lorsque mon admiration s'exprime et se manifeste, ce n'est pas à la sainte, mais à la femme, à cette femme de volonté qui n'espère rien pour elle, ne demande rien, mais se sacrifie simplement afin que la France, la Patrie, puisse redevenir libre.

Ma prière à Jeanne n'est pas une supplication, c'est un appel en faveur de la France, à sa puissance volitive dont les radiations ne demandent qu'à pénétrer en nous. Que ces vibrations nous électrisent afin que nous fassions pour la France d'aujourd'hui ce que Jeanne fit pour la France de jadis, et que nous renversions ceux qui se servent de la Patrie comme piédestal pour grandir leur vaine personnalité. Ceux-là sont indignes de commander, indignes de gouverner, parce qu'ils ne sont pas de véritables serviteurs de la France, parce qu'ils n'ont pas de volonté, parce qu'ils n'obéissent pas, comme Jeanne, à cette merveilleuse voix intime, ordonnant à tout français de servir son semblable en servant la Patrie : ceux-là doivent disparaître afin que la France, de nouveau, puisse prendre son essor.

Contemplons Jeanne et devenons des hommes, devenons des patriotes, des fidèles de la France, nous serons alors forts et unis, nous pourrons assister un jour au couronnement et au sacre de cette reine merveilleuse, digne de régner sur nous, et qui s'ap-

pelle : la Volonté; et ce jour, en reconnais-
sance de ce que la femme a fait pour nous,
en souvenir de Jeanne d'Arc, nous lui don-
nerons franchement et avec amour cette
égalité qu'elle possède en fait, mais que la
loi lui refuse.

CHAPITRE III

J'arriverai au Sommet

> Eh bien, oui ! je deviendrai
> quelqu'un. Ma nature infé-
> rieure me tire en arrière,
> mais ma volonté me fera
> triompher, elle me pousse
> en avant, l'élévation de ma
> Pensée me donne des ailes.

JAMAIS être humain ne s'est sorti d'un état d'âme mauvais pour lui, d'une manière d'être dangereuse, des difficultés d'une profession, d'un métier ou d'une entreprise quelconque, s'il n'a d'abord pris la détermination d'amener en lui un changement. Par contre, beaucoup ont décidé de se modifier, de se transformer, de s'élever et de s'enrichir ; mais il n'ont pas pu réaliser le changement qu'ils désiraient.

Alors, me direz-vous, à quoi sert la volonté ? et je vous répondrai : elle sert à tout, et parfois aussi elle ne sert à rien, cela dépend du genre de volonté que vous possédez. Il n'y a en réalité qu'une volonté, mais là, comme en tout, il y a des degrés.

De même le feu d'une allumette est identique dans sa nature au feu d'une fournaise ; il n'empêche qu'en mettant l'allumette en contact avec le creuset, vous ne feriez jamais fondre le métal qui s'y trouve ; la fournaise, au contraire, attaque avec ardeur le métal et au bout de très peu de temps, ce qui était solide devient liquide, ce qui était froid devient brûlant. La forme a changé, l'état d'être a changé, mais l'essence reste la même, car ce qui était du fer est encore du fer, ce qui était argent ou or, reste argent ou or.

Mais il y a cette différence : que le fer, par exemple, s'est débarrassé de tout alliage, s'est épuré, et que, devenu malléable et ductile, il peut, sur l'enclume, recevoir les chocs du marteau qui le transformera et fera de lui un objet utile. Voilà ce que le fer a gagné à passer au creuset.

Lorsqu'on prend la résolution de devenir quelqu'un, lorsqu'on chauffe sa pensée au creuset de la réflexion, il est bon de ne pas arrêter l'effort à cette première opération, il est bon de ne pas continuer en se croisant les bras, en laissant reposer son marteau ! Il faut, après avoir bien réfléchi, se saisir du manche avec plus de force, frapper sur l'enclume avec un redoublement d'ardeur et surtout maintenir dans son esprit le feu continu, incessant, cette aspiration élevée qui amène, dans le creuset où fond le fer, des matières plus précieuses, afin de faire avec ce fer un alliage d'argent et d'or : l'argent de la netteté, de la franchise, de la loyauté ; l'or de la sagesse, du savoir, de la valeur.

En passant une première fois dans le creuset, un changement en mieux s'est opéré mais il ne suffit pas de passer une fois au creuset.

Lorsque nous avons créé en nous le vouloir de devenir quelqu'un, devons-nous nous arrêter à ce premier effort ? C'est précisément parce que beaucoup s'arrêtent, que leur effort est, pour ainsi dire, fait en vain, et ils accusent la volonté de ne pas être ce que l'on prétend qu'elle est, c'est-à-dire un moyen sûr d'arriver.

Conservez dans le creuset vos aspirations, maintenez-les de plus en plus hautes, de plus en plus belles et de plus en plus intenses, amenez dans ce creuset, où doit s'opérer votre transformation, une nouvelle addition d'argent et d'or, une pureté d'intention plus grande, une loyauté plus ferme, une honnêteté plus intransigeante et aussi plus de sagesse, plus de savoir. Profitez de l'expérience acquise, des avantages déjà obtenus, de l'amélioration réalisée.

Si vous faites cela, vous pouvez dire sans crainte de vous tromper : Eh bien ! oui, je deviendrai quelqu'un ; mais dans ce cas seulement et à la condition de continuer sans interruption à attirer à vous, par l'aspiration élevée, ce qui est grand, beau et bien. Par ce moyen vous deviendrez une de

ces personnalités que vous enviez maintenant, un être avec qui l'on compte.

Ne croyez pas que, pour arriver à des
positions élevées, il faille naître riche ou
instruit, ou sous une bonne étoile, non. Ce
qu'il faut: c'est savoir vouloir, c'est comprendre que la volonté est un état d'âme
que l'on développe par la contemplation de
tout ce qui est beau et élevé, c'est savoir,
surtout, développer cette volonté. Si vous
commencez aujourd'hui à vous dire : Eh
bien, oui ! Je deviendrai quelqu'un, si vous
suivez l'enseignement de la « Pensée Nouvelle » dans ses moindres détails, vous arriverez d'abord à un état d'âme où la gaîté
prévaut, ensuite votre être tout entier sera
imprégné d'une force dont chacun ressen-
tira les effets en approchant et, petit à petit,
vous arriverez à commander, parce que tout
le monde, autour de vous, voudra vous
obéir.

L'homme cherche bien à s'élever, il veut
gravir la route ardue qui mène aux hauteurs, mais, derrière lui, quelqu'un le retient, l'empêche d'avancer, le tire en ar-

rière; il se sent arrêté dans sa marche, un poids pèse sur ses épaules, une main le retient et sa marche est difficile. Son effort en avant est retardé par une puissance contraire.

Qu'est-ce qui arrête l'homme dans son ascension ? C'est sa nature inférieure. Et cette lutte de la haute pensée avec la pensée basse, c'est la vie de l'homme. Beaucoup réussissent; nous voyons souvent un ouvrier parti de peu, devenir le chef, le le maître de ceux qui, au début, étaient ses supérieurs. C'est qu'il a combattu contre sa nature inférieure qui l'arrêtait dans son élan, c'est qu'il a vaincu dans cette lutte et qu'il a pu gagner le sommet.

Combien de personnes, par contre, nées pour commander, sortant pour ainsi dire de la cuisse de Jupiter, habitant tout en haut des classes sociales, descendent petit à petit très bas, parce que, précisément, cette nature inférieure, qu'elles n'ont pas su vaincre, augmentant de poids, s'est attachée davantage à elles et les a tirées en bas chaque jour un peu plus, jusqu'au moment où élles ont sombré dans les bas fonds de la société et se sont vautrées dans la boue ; elles qui, au commencement de leur vie, pouvaient se réjouir dans l'or et la soie, parmi toutes les beautés que l'art apporte à qui possède la richesse, sont maintenant soumises à ceux qui auparavant les servaient.

Pour conquérir le monde, il faut d'abord se débarasser de ce lest gênant : la nature inférieure, qui nous tire en arrière ; il nous faut nous conquérir nous-même, afin que, léger et fort, nous puissions commencer et continuer notre ascension sans crainte d'insuccès.

Longtemps, peut-être, nous resterons sur les échelons inférieurs de l'échelle sociale, longtemps probablement nos aspirations un peu inquiètes ne trouveront pas satisfaction et nous n'atteindrons pas, aussi vite que nous le voudrions, le sommet où le soleil resplendit. Mais si nos aspirations sont soumises à un effort méthodique et conscient, si elles s'augmentent petit à petit de toutes les aspirations élevées que nous de-

vons posséder, si nous mettons en pratique
l'enseignement de la Pensée Nouvelle, le succès nous est assuré et nous gagnerons tôt ou
tard le haut de l'échelle. Examinons donc
notre être intime et voyons sur quelle par-
tie de nous-même la nature inférieure a le
plus de prise ; c'est là que nos coups doivent porter et c'est là que nous devons faire
nos plus grands efforts, mais ces efforts doivent être dirigées vers ce qui doit être op-
posé au mauvais en nous. Nous n'arriverons
à détruire cette nature inférieure, cette tendance innée au mal, qu'en la remplaçant
par une tendance vers le bien, c'est là un
des moyens efficaces indiqués par la Pensée
Nouvelle. La toile d'un ballon est lourde,
néanmoins une fois gonflé le ballon s'élève.
Délivré du fardeau pesant de la nature inférieure, nous nous envolerons vers le sommet
où nous attend le succès et le triomphe.

Peut-on prouver la réalité de ce phénomène dans la vie de chaque jour ?

Nous avons maintes fois constaté que
nous sommes attirés vers telle personne,
alors que telle autre nous repousse. A la

première nous sommes prêts à céder tout
ce que nous possédons, à la deuxième nous
refusons souvent le moindre service. Est-ce
la beauté physique qui nous attire ainsi, ou
est-ce la laideur qui nous repousse? Peut-
être les deux; mais combien souvent la figure laide possède un reflet qui montre une
belle âme, qui nous fait aimer cette personne, bien que laide, qui nous fait recher-
cher sa société, qui nous inspire en sa faveur des louanges de toutes sortes. Par
contre, combien de jolies figures arrêtent
notre attention d'une manière permanente,
alors que, sous ce charme physique, se ca-
chent la méchanceté, la bassesse, la haine,
l'envie, la paresse, l'avarice ?

Mais pourquoi dire tout cela, nous le savons! Et nous savons aussi que là où les
mauvais sentiments dominent, la figure
bientôt change, les signatures de la nature
inférieure s'inscrivent sur le visage, et ce qui
était beau auparavant devient laid. Nous
savons tous et il n'est nullement nécessaire
de démontrer que, ce que nous aimons dans
notre semblable par dessus tout, ce sont ses

qualités, ce sont ses vertus; plus un homme en possède, plus il est aimé de ceux qui l'entourent, moins il en a, moins on tient à lui, et la même règle s'applique à tous les êtres humains, sans exception.

Le père et la mère aiment beaucoup plus celui de leurs enfants possédant de hautes qualités que celui qui en est dépourvu.

Le premier pas à faire pour l'adhérent de la Pensée Nouvelle qui cherche le succès et le bonheur consistera donc à se débarrasser complètement de sa nature inférieure. Il remplacera les défauts qui constituent cette personnalité de second ordre par les qualités opposées qui caractérisent la personnalité élevée, et il aura ainsi fait le premier pas vers le succès. Si ce premier pas est pénible, s'il faut du temps pour obtenir un premier succès, aussi petit soit-il, il n'en sera pas de même pour le succès suivant, car dans l'ascension, comme dans la descente, ce n'est que le premier pas qui coûte.

Le criminel s'endurcit à mesure qu'il com-

met des crimes nouveaux ; si le premier
pas dans cette voie lui a demandé un effort,
par contre ses méfaits subséquents deviennent de plus en plus faciles. L'homme qui a
reçu par l'exemple et l'enseignement une
éducation fausse et qui croit que le monde
le ridiculiserait si, au lieu de continuer à
vivre la vie mesquine et petite, il devenait
grand par l'acquisition de qualités viriles
de toutes sortes, cet homme trouve, lui
aussi, le premier pas difficile, il voudrait
bien, en entrant dans la Pensée Nouvelle,
pouvoir nager immédiatement dans toutes
les félicités : mais il lui paraît dur d'être
obligé aux efforts du début.

Ces efforts sont moins pénibles qu'on
ne le croit, il suffit d'essayer et cela va
tout seul dès que l'on a remporté une
première victoire. Il ne faut pas croire que
la recherche et le développement de ses
qualités nécessite la suppression des plaisirs et des joies intimes, c'est le contraire
qui arrive, ces plaisirs, ces joies augmentent
et l'homme qui réellement a développé ses
qualités dans la direction la plus élevée est

le seul homme jouissant réellement des bonnes choses qu'offre la vie, il est le seul vraiment libre, le seul qui puisse marcher droit sans avoir à regarder derrière lui pour vérifier s'il est surveillé, le seul qui n'a pas besoin de jeter à droite et à gauche des regards furtifs pour veiller à n'être pas vu, le seul qui le « qu'en dira-t-on » ne peut atteindre,

Nous avons, dans un précédent ouvrage : *Les Forces secrètes de l'Homme* (1), dit que l'homme possédait en lui une force inconnue et nous avons ajouté que ceci constituait le premier principe de la Pensée Nouvelle. Donc, pour arriver au résultat que nous venons d'indiquer, pour devenir cet homme jouissant de la liberté complète et entière qu'il faut développer en soi, pour éveiller cette force qui dort, il faut la mettre en action. Aussitôt qu'elle entrera en activité, les qualités dont nous venons de parler croîtront immédiatement parce

---

(1) *Les Forces secrètes de l'Homme*, par G. A. MANN, ouvrage gratuit de diffusion édité par la Librairie Internationale de la Pensée Nouvelle, Paris, 15, rue du Louvre.

qu'elles seront le résultat, précisément, de ce mouvement nouveau et extraordinaire qui se produira en vous. Vous serez comme la terre qui, au printemps, se revêt d'une verdure nouvelle, comme cet arbre sur lequel poussent des bourgeons plus forts, comme le jardin qui se remplit de fruits et, pareil à cette terre, à cet arbre et à ce jardin, vous porterez, après un développement normal, les fruits au goût succulent qui sont les fruits du succès.

Les plantes, pour se transformer, ont besoin du printemps, elles ont besoin de la saison nouvelle comme, pour cette régénération propice, pour cette réformation excellente sous tous les rapports, vous avez besoin de la Pensée Nouvelle et de sa doctrine, qui créeront en vous la force inconnue et qui dort. La nature ne peut empêcher le printemps de succéder à l'hiver, mais vous êtes libre de votre choix, de votre détermination : vous pouvez attirer ou repousser ce qui est nouveau, ce qui est bon, ce qui est bien. Attirez le bien et vous grandissez, repoussez-le et vous resterez misérable.

La Pensée Nouvelle, c'est le printemps qui éveille la nature belle et grandiose, l'hiver c'est la saison stagnante, c'est l'arrêt complet, c'est le silence, c'est la négation du progrès. La Pensée Nouvelle vous demande de faire l'effort, elle vous demande de le faire d'une manière consciente et pratique et, à moins d'être condamné à l'inertie, vous devez, dans votre intérêt, vous initier à cet enseignement, vous devez, appelant le printemps de toute la puissance de votre pensée, permettre à cette force intérieure inconnue de commencer à se manifester.

Mais, comme cet effort méthodique doit commencer par la base, (les fondations, dans toute construction permanente étant toujours posées en premier lieu) les qualités ou vertus nécessaires à chacun dans ses relations journalières avec autrui doivent, avant tout, être poursuivies, car elles forment vraiment la base du caractère individuel.

Le pédant, prétentieux et arrogant, dont les pensées se portent constament sur sa

propre importance, peut posséder la volonté, la conviction et la persévérance nécessaires à son succès, mais, comme ces
avantages sont nés dans l'idéation mau-
vaise, les résultats, au lieu d'être bons, sont
contraires à son bien-être : c'est là de l'idéation concentrée sur soi, et cette incubation
produit des résultats dont les irradiations
désagréables et malsaines repoussent ceux
qui les respirent.

La paresse, la haine, l'envie, les tourments,
l'avarice sont des sentiments entretenus
par beaucoup avec foi et poursuivis avec
acharnement. L'idéation est toujours puissante même employée pour le mal, elle crée
l'habitude et, par ce fait, ces éternels enne-
mis de l'homme finissent par établir en lui
leur demeure. Celui qui les héberge répand
autour de lui une atmosphère psychique in-
supportable, qui éloigne ceux-là même qui
lui veulent du bien. Il porte sur ses épaules
le poids de son caractère personnel. Il souffre de ce fardeau; il fait souffrir son entourage, empêche la réussite d'élire domicile
dans sa maison.

L'on ne saurait mieux illustrer l'effet que produisent sur l'homme, l'orgueil, la haine, l'envie, les tourments, l'avarice et tous ces sentiments inférieurs qu'en les représentant par un poids écrasant porté sur l'épaule de celui qui les entretient dans son cœur.

Appliquer la volonté au jour le jour, consistera donc, pour l'adepte de la Pensée Nouvelle, à penser au bien qu'il peut faire chaque jour à ses semblables, non en leur donnant un simple morceau de pain ou quelque menue monnaie, mais en leur indiquant les moyens les plus rationnels pour gagner leur vie.

Créons en nous une tendance altruiste : ainsi disparaîtra le penchant que nous aurions à l'avarice et à l'envie. L'homme de mérite ne pense jamais à lui-même. Les tourments mènent vers la tombe ou le lit de souffrance; la haine rend malheureux celui qui l'entretient et la paresse est le levier qui soulève contre nous les insuccès. Supprimons-les, la Pensée Nouvelle le veut ainsi, et notre propre intérêt nous l'ordonne.

CHAPITRE IV

Principe fondamental

> « Je suis ce que je suis,
> parce que je l'ai pensé. »

EST-CE que vraiment la pensée fait l'homme ? Est-ce que nous sommes autre chose que ce que nous avons pensé et ce que, au plus profond, nous pensons être ?

Ces deux questions entraînent l'esprit humain dans les profondeurs les plus inexplorées du domaine de la psychologie.

On a voulu faire de l'homme un être qui, après sa création matérielle, était soumis à l'arbitraire de son créateur, on a voulu montrer à l'homme qu'il était un ver de

terre, un rien dont chaque acte, chaque
idée et chaque pensée était soumise à la
permission de son créateur, de son Dieu.

C'est ainsi que l'homme qui, originaire-
ment, pouvait être fier de son indépendance
a admis, dans sa propre conscience, qu'il
était simplement un jouet entre les mains
d'une toute-puissance contre laquelle il ne
peut rien. Ainsi, cet orgueil naturel qui
avait été introduit au plus profond de lui-
même afin qu'il pût se montrer digne et
respectueux de sa propre grandeur est devenu l'instrument de sa chute ; ainsi son
besoin de progrès, son ardeur à la bataille,
son désir de vaincre se sont heurtés à cette
idée qu'il ne pouvait, sans blasphémer, se
soustraire à la règle pesant sur lui, à l'autorité dont il devait subir le joug. Alors, je-
tant le masque, il s'est révolté, ou du moins
il a cru se révolter contre l'autorité à laquelle il se croyait soumis. Et il ne faut pas
le blâmer si telle est sa croyance car, dès
son arrivée au monde, on lui a infusé, avec
les premières gouttes de lait qu'il tirait de
sa mère, cet immense mensonge que l'hom-

me n'est qu'un pantin et un automate entre les mains de son créateur. Mensonge!

Car si Dieu est infiniment grand, infiniment puissant, s'il est omniscient et omniprésent, il doit être aussi l'intelligence complète et, comme tel, il lui est impossible de se montrer un être arbitraire faisant de l'homme le jouet de ses caprices.

Il est des personnes qui n'admettent pas le mot de Dieu ; mais qu'importe le sarcasme, le doute ou l'ironie. Il est une chose que nous ne pouvons nier : c'est que tout effet doit avoir une cause, la terre, les soleils, les lunes, les étoiles et le Cosmos tout entier ont dû prendre leur origine quelque part, de quelque chose. Ce quelque chose est Dieu ; ce quelque part est l'endroit où Dieu réside. Lorsque tout ce qui existe a commencé à émaner de Dieu, cette émanation s'est faite d'après une loi unique qui régit tout et qui tombe sous l'observation de celui qui veut se donner la peine de se rendre compte.

Tout émane de Dieu d'une manière uniforme, tout se développe et évolue d'une manière uniforme. A chaque nouvelle évolution de l'objet qui évolue émane une conscience plus large, un savoir nouveau, qui sont le point de départ d'un nouveau progrès, d'une évolution nouvelle. Pourquoi l'homme, que l'on a appelé le roi de la création, l'homme consciemment intelligent, serait-il le seul qui ne soit pas soumis à cette loi de progrès ?

Or, nous avons trouvé en l'homme une faculté principale qui est la base de toutes les autres ou, plutôt, dont les autres sont les attributs, et cette faculté, base de sa conscience et de sa supériorité : c'est la pensée. L'homme qui pense à l'inertie reste inerte, mais si, au moment où il se trouve dans cet état d'inertie se produit un phénomène qui surprend sa pensée, instantanément cette pensée, avec la rapidité de l'éclair, fait sauter cet homme comme un pantin dont on tire le cordon. C'est la pensée qui a fait agir ce mécanisme humain et non pas le phénomène physique, le bruit, par exemple, qui s'est fait entendre et qui a agi sur la pensée.

Or, si cet homme qui, il y a une minute

encore, était assis tranquille et sans mouvement, se trouve presque immédiatement
après dans un état de surexcitation, c'est
que les deux états physiques que nos yeux
ont pu percevoir en lui sont le résultat de
sa pensée. Il a pensé : tranquillité, repos,
inertie; il est resté tranquille, sans mouvement; tout d'un coup, sous l'effet d'un phénomène physique, il a pensé : agitation, ex-
citation, mouvement, son corps a obéi à
cette pensée. Dans les deux cas, *cet homme
était ce qu'il était, parce qu'il l'avait pensé.*

Mais que sont ces effets passagers à côté
d'autres bien plus puissants, parce qu'ils
opèrent de longue haleine, parce qu'ils
s'imprègnent dans l'être humain, s'infiltrant
en lui lentemeut et pour ainsi dire incons-
ciemment de sa part. Que sont ces phéno-
mènes passagers à côté des habitudes que
l'homme acquiert petit à petit, sans le vouloir, simplement parce ce qu'il pense toujours à certains actes, parce qu'il entretient
sans cesse un désir unique et que ce désir
grandit sous l'influence de la pensée contem-
plative, jusqu'au moment où cette pensée de-

vient la maîtresse de l'organisme humain, maîtresse absolue de chacun des actes de l'homme, dont toutes les autres pensées viennent converger autour du désir qu'elles tendent à réaliser ?

« Je suis ce que je suis, parce que je l'ai pensé », et si je n'avais pas pensé cela, je ne serais pas cela, si j'avais pensé autre chose, je serais autre chose. C'est ainsi que si j'ai pensé constamment à ce qui est bas, haineux, vilain, désagréable, je suis devenu un être désagréable, un être haineux, un être vilain ; si j'ai pensé constamment à ces actes qui sont le partage de la brute, je suis devenu comme elle, je suis devenu une brute, parce que je l'ai pensé. Et qu'est-ce que la vertu, si ce n'est une habitude créée par la pensée, qu'est-ce que la tristesse, si ce n'est une habitude créée par la pensée, qu'est-ce que le courage si ce n'est une habitude créée par la pensée, qu'est-ce que la bonté sinon le résultat de la pensée de l'homme.

Aucun de ces sentiments, aucun de ces états d'âmes ne saurait être imputé à Dieu, ni considéré comme l'effet de l'exercice arbitraire de sa toute-puissance sur nous. Aussi, lorsque nous prions Dieu de ne pas nous induire en tentation, disons-nous une absurdité, car en admettant même que Dieu nous induise, il e t impossible que ce soit en tentation.

Ce que l'on appelle la tentation, en somme, ce n'est que le résultat, devenu tendance naturelle, de nos tendances physiques qui peuvent être le résultat du milieu dans lequel nous avons vécu depuis notre naissance. Je penche plutôt pour cette dernière cause; en effet, bien que l'atavisme paraisse prouvé, il est certain qu'il n'explique pas tout, il explique même peu de choses, car, d'une part, on voit le fils d'un homme vertueux et d'une mère excellente se vautrer dans le crime et, d'autre part, j'ai vu les filles d'un père ivrogne et d'une mère infidèle se montrer des exemples de vertu, de loyauté, de fidélité. Je pourrais citer des noms.

Pourquoi ces jeunes filles, dont je viens de parler, étaient-elles des exemples que chacun devrait suivre? Tout simplement parce qu'elles entretenaient la pensée toujours présente à leur esprit, de vouloir s'élever au-dessus de l'état néfaste de leurs parents. La conduite de leurs parents avait fait monter à leur front le rouge de la honte et, afin de n'avoir pas honte d'elles-mêmes, elles n'avaient cessé de penser à la vertu et elles étaient devenues vertueuses ; elles sont restées telles !

N'est-ce pas là, sans vouloir entrer dans plus de détails, la preuve manifeste de la vérité du principe qui a servi de titre à cet article : « Je suis ce que je suis, parce que je l'ai pensé ». Et si ce principe de la Pensée Nouvelle est vrai, que doit faire l'homme qui tient à mériter ce titre ? Ne doit-il pas penser *haut* afin de planer toujours au-dessus de ce qui est bas, penser *bien* afin d'être bon, penser *beau* afin que ses traits physiques s'imprègnent de cette force esthétique qui développera en eux ce que l'œil admire dans l'être humain ?

L'homme est donc bien ce qu'il est, parce qu'il l'a pensé, et il ne saurait être autre chose.

CHAPITRE V

L'Ambition humaine et la Pensée

ONTER, toujours monter, voilà l'ambition naturelle à chaque être humain. En Suisse, dans les Alpes, dans les Pyrénées, dans l'Himalaya, partout où il y a des montagnes, partout où il y a des hommes, vous voyez toujours ces derniers montrer la même ambition, manifester le même désir : monter,

monter toujours plus haut ! L'œil du touriste se fixe sur le sommet le plus élevé, car
il veut l'atteindre et, pour y arriver, il risquera maintes fois sa vie, il la risquera
afin de pouvoir dire : j'ai été là-haut.

Cette ambition est le résultat de la Force
intérieure, de cette force inconnue dont
nous avons parlé souvent, et c'est cette ambition naturelle que la Pensée Nouvelle met
à contribution pour transformer l'homme.
La Pensée Nouvelle éveille cette force
latente, la met en activité, mais, contraire-
ment à ce qui arrive au touriste explorateur
de nos montagnes, l'adhérent de notre
belle philosophie ne descend plus, une fois
son ascension faite : j'y suis, j'y reste, voilà
son mot. Non seulement il reste, mais sa
vue se porte à des hauteurs bien plus
grandes, il perçoit des horizons bien plus
vastes et plus nouveaux ; n'ayant plus
devant lui ces formidables montagnes de
difficultés, ces infranchissables obstacles
d'antan, il commence à grandir lui-même ;
sa pensée, devenue plus puissante, plus sub-
tile, pénètre les vastes horizons du domaine

psychique et puise en eux les connaissances qui jusque là étaient demeurées cachées pour lui, cachées derrière les remparts terrestres que ses yeux ne pouvaient traverser.

Comment éveiller la force inconnue en soi?

Est-ce par l'instinct de concurrence et d'émulation dans toutes les parties de l'activité humaine : concurrence dans les écoles, le commerce, l'industrie, etc. ? Si cette méthode a réussi souvent à aiguillonner l'ardeur humaine, celle-ci s'est toujours relâchée aussitôt la victoire obtenue.

Seule la Pensée Nouvelle a réussi à obtenir des effets durables. Mais toute force, sachons le bien, peut être soit une source de bien, soit une source de mal pour celui qui l'emploie, suivant qu'elle est bien ou mal dirigée.

La Force intérieure humaine est bonne par sa nature, mais elle peut être dirigée de façon à satisfaire nos instincts méchants.

Dans le cas où les préceptes de la Pensée Nouvelle ne sont pas mis en pratique, la force employée, pour obéir à de mauvais penchants, reste inconnue de celui qui l'emploie.

Après une courte expansion, elle re-
tombe, revient à l'état latent et laisse à
terre celui qui avait cru s'élever grâce à elle.
C'est ici que la doctrine nouvelle montre la
haute portée de son enseignement et la soli-
dité de ses principes, puisque l'homme qui
met cet enseignement en pratique se main-
tient en permanence dans les régions supé-
rieures où il est parvenu.

Nous avons dit que l'ambition, c'est la
manifestation de la Force inconnue et nous
avons laissé entendre que cette force était
rendue temporairement active par la concurrence, ce qui est vrai ; il nous reste donc
à dire comment cette activité peut devenir
permanente. C'est en donnant à cette force
l'occasion de se manifester toujours que,
petit à petit, l'homme parvient à la connaître ; c'est donc seulement pendant un certain
temps qu'elle reste ,, inconnue ''. Vous qui
lisez ces lignes, qui que vous soyez, vous la
connaîtrez un jour si, comme il est à espérer,
vous devenez un vrai disciple de la Pensée
Nouvelle, c'est-à-dire si vous observez ses
principes.

Dans *Le Développement de la Volonté par l'Entraînement de la Pensée* (1), la méthode la plus active pour utiliser cette force est expliquée dans ses moindres détails ; aussi ne désirons-nous donner ici que la méthode primaire pour atteindre le but.

L'application de cette méthode constituera un excellent exercice préliminaire et donnera des résultats très appréciables. Lorsque la méthode complète sera employée plus tard, les résultats viendront, d'autant plus rapidement que les premiers de ces résultats auront été rendus plus permanents.

Voici le premier enseignement de notre méthode :

Nous avons dit que les hautes idées naissaient du calme énergique, nous devons donc établir dans notre pensée l'état correspondant à ce principe de la Pensée Nouvelle et voici comment l'on s'y prend au début.

Regardez le firmament étoilé par une nuit

---

(1) Ouvrage du même auteur. Librairie Internationale de la Pensée Nouvelle, Paris. — Prix 7 fr. 50.

sereine et tranquille, vous y voyez régner partout le calme, la tranquillité, la sérénité.

Dans ces vastes espaces sans horizons ni limites, les étoiles brillent, scintillent et radient leur éclat dans toutes les directions. C'est le seul signe de vie que l'œil perçoive, mais quelle vie et quelle activité que celle de tous ces mondes, soumis aux lois cosmiques. Cependant, malgré ce mouvement continu, tout est tranquille dans le ciel bleu.

Contemplez donc la voûte céleste où scintillent ces milliers d'yeux, où tout s'agite en silence, où règne le calme, appelez à vous ce calme, et vous sentirez peu à peu se produire en vous comme une émotion. Ce que vous appelez une émotion c'est la Force Intérieure se mettant en activité sous l'influence des forces extérieures. Des étoiles une radiation bienfaisante se dégage, elle vient jusqu'à vous, elle pénètre en vous et met en mouvement dans tout votre être la force qui affectera favorablement ceux qui vous entourent, comme la force émanant du firmament et des étoiles vous affecte vous-même. Ainsi vous attirerez vers vous le bon vouloir de votre entourage.

Ne cessez pas de pratiquer cette contemplation si éminemment intéressante et si avantageuse pour votre propre bien-être. Tout le monde peut voir un coin du ciel, les étoiles et ces mondes lointains, frères éloignés qui sourient à tous, à l'habitant de la mansarde, comme à l'habitant du château.

A tous ils tiennent le même langage, à tous ils envoient leur rayonnement et leur radiation bienfaisante.

Durant ces heures de contemplation nocturne toute pensée néfaste, toute idée méchante nous quitte, nous sommes en harmonie avec le Cosmos, et l'amour se dégage de nous parce que nous ne pensons qu'aux choses bonnes et n'entretenons que des idées joyeuses.

Qu'un nuage passe, nous voyons en lui l'image de la vie : comme il masque la lumière céleste, ainsi une difficulté qui se présente momentanément obscurcit notre horizon terrestre. Qu'un orage s'élève, que le tonnerre gronde, que l'éclair jaillisse, peu importe ! Rappelons-nous que, là-haut, au-dessus de cette tourmente, le firmament est bleu, que les étoiles luisent, scintillent et projettent encore leur rayonnement sur la terre, bien que momentanément nous ne puissions les percevoir.

Conservons le calme énergique, toujours et partout ! Conservons le dans la tourmente, dont la puissance est purement temporaire, et qui n'est qu'un moment dans le temps et un point dans l'espace.

Conservons le calme et disons-nous bien que dans ce monde il ne doit pas y avoir place pour les tourments et pour les sentiments bas ; l'homme n'a pas le temps de s'adonner à l'envie, à la colère, à la haine, car le temps qui s'écoule c'est le nôtre, et ces sentiments bas font perdre à l'homme les meilleures heures de cette vie ; ils retardent l'éclosion, la manifestation de cette force intérieure, immense, irrésistible qui réside en l'homme et qui restera pour lui la Force Inconnue, tant qu'il ne donnera pas la prépondérance à ses sentiments nobles et élevés.

Supprimons donc l'illusion du jeune âge, servons nous de la raison que l'âge mûr nous

a donnée, contemplons ces lointaines lumiè-
res, et la force inconnue commencera à
s'éveiller, à se manifester en nous ; bientôt
nous sentirons autour de nous une atmosphère nouvelle, nos pas seront rendus
plus légers, nos actes plus faciles, plus
grands, plus beaux et notre conception de
cette force deviendra tellement intense, que
nous aurons compris ce qu'est l'homme de
génie, parce que nous-même serons en voie
de le devenir. En ce moment, combien pesez-
vous dans la balance du génie ?

Votre corps physique ne m'intéresse pas,
ce qui m'intéresse c'est votre poids moral,
c'est votre valeur personnelle. Quel est votre
poids ? Que valez-vous ? Valez-vous zéro?
le plateau de la balance reste immobile.
Valez-vous trois ? c'est déjà mieux. Valez-
vous cent ? c'est mieux encore, mais cela ne
suffit pas, il faut que la balance fonctionne
en votre faveur sans une minute d'interruption, sans un moment d'arrêt.

Savez-vous comment fonctionne la balance morale ?

Votre poids, votre valeur se mesurent, au

point de vue commercial, à ce que vous gagnez, au point de vue moral, à ce que vaut
votre caractère.

Et si votre caractère vaut beaucoup, si
vous avez de l'intelligence et de la volonté,
vous gagnez beaucoup, nécessairement,
et vous pesez beaucoup, nécessairement
aussi.

Vous êtes un homme de poids, on vous
estime, on vous respecte, on vous considère,
vous faites bien vos affaires, vos conseils
sont recherchés par tout le monde, on s'ho-
nore de vous connaître.

Pour peser beaucoup, que faut-il? Simplement être un homme de caractère, cela
suffit.

Et le caractère, qu'est-ce ? C'est avant
tout et surtout la volonté. Comment arrive-t-
on à la développer ? En l'exerçant chaque
jour et en la transformant en habitude.

Exercez donc chaque jour votre volonté
dans le calme, par la contemplation inces-
sante du calme. Par elle vous arriverez à
la fortune, au bien-être, à tout ce que votre
cœur peut désirer.

CHAPITRE VI

L'Apparence physique et la Pensée

IL existe une grande ressemblance entre les hommes et les animaux; ce fait qui est d'observation générale, n'exige aucune démonstration. Il est des figures d'hommes qui vous rappellent le lion d'autres ont les traits du tigre; d'aucuns ont l'air rébarbatif du hérisson, tandis que l'on trouve chez certains cet

air de fouine qu'avec raison l'on doit crain-
dre. De près ou de loin, l'homme porte sur
sa figure certaines signatures de l'animal ;
il suffit parfois d'une observation superfi-
cielle pour s'en rendre compte, comme
d'autres fois une étude plus approfondie est
plus nécessaire pour découvrir les traits ca-
ractéristiques de sa manière d'être.

Ce qui accentue ces traits chez l'homme
c'est la pensée qu'il entretient, l'instinct
qu'il développe, la tendance qu'il forme.
L'homme peut donc modifier son apparence
physique par sa manière de penser.

Ce fait étant admis, il nous suffit de nous
placer devant un miroir et d'examiner nos
traits. A quel animal ressemblons-nous le
plus ? Avons-nous l'apparence du paon
avec sa stupide vanité, du paon, orgueil-
leux de son plumage au point d'oublier
qu'en montrant ses plumes il se découvre?
Certes, il est beaucoup de gens qui se
croient quelqu'un parce qu'ils ont de beaux
habits ou une belle chevelure.

Et les moustaches ! N'en voyons-nous pas
qui se redressent comme le plumage du

paon! Ne voyons-nous pas leurs posses-
seurs tortiller ce soi-disant ornement du
mâle et en diriger les pointes tout droit
vers l'œil, alors que les anciens Gaulois,
les Vercingétorix, laissaient les leurs tom-
bantes et montraient leur vouloir par leur
indomptable courage.

La vanité est toujours une absence de
courage ; c'est l'indication d'une absence
des qualités viriles ; autant nous admirons
l'homme et la femme bien mis, propres, et
même recherchés dans leur habillement,
mais oubliant ces avantages en faveur de
leur travail et de leurs affaires, autant
nous sommes repoussés par ceux qui se
complaisent à faire montre de ces vains
ornements.

Ressemblez-vous à un lion ? Regardez-
vous dans le miroir et voyez cet œil calme,
franc et d'une puissance magnétique réelle,
regardant avec le calme que lui donne sa
forte détermination, son courage et sa bonté naturelle.

Etes-vous le tigre au front bas, à l'œil
sournois, aux griffes toujours prêtes à déchi-

rer, se complaisant dans la douleur de sa victime et jouant avec elle avant de lui donner le coup de mort?

Etes-vous le singe léger, sautillant, grimaçant et imitant ceux qui par hasard, se posent devant votre cage? Cherchez-vous à avoir des qualités qui vous sont propres, tâchez-vous de devenir une personnalité, en observant et en pratiquant les principes de la Pensée Nouvelle, ou bien vous contentez vous de croquer les quelques noisettes que vous jette un passant afin de pouvoir s'amuser de la grimaçante avidité avec laquelle vous dévorez ce succulent morceau?

Etes-vous un renard fuyant sous les broussailles et dans la nuit ? Mettez-vous votre intelligence à la disposition de vos bas instincts afin de vous procurer par là quelques avantages, que vous obtiendriez bien mieux si votre intelligence était employée au grand jour?

Etes-vous un chien fidèle aboyant sans réflexion, mordant sans discernement, afin de défendre le maître, et éloignant du maître ceux-là même qui lui veulent du bien ?

Ressemblez-vous à un hérisson et, chaque fois que quelqu'un vous approche, cherchez-vous à le piquer des milles pointes de votre jalousie et de votre haine? Détruisez-vous sa réputation, en répandant autour de lui des potins honteux ?

Mettez-vous donc devant votre miroir et posez-vous cette question : que suis-je et qui suis-je, un animal ou un homme, un instinct bas ou une pensée élevée? Faites bien sincèrement l'inventaire de votre propre moi et surtout ne cherchez pas à vous tromper vous-même, cela ne sert à rien, car si vous pouvez changer pour un temps l'opinion d'autrui, il ne saurait en être autant pour vous, vous ne pouvez vous tromper vous-même sur votre propre compte. Si vous avez de belles plumes ne cherchez pas comme le paon à les faire reluire au soleil. Si, au contraire, vous avez de belles pensées, exprimez-les avec toute la force dont vous êtes capable, montrez-vous l'être supérieur qui, ayant mis un pied sur son instinct bas, s'en est servi comme d'un marchepied pour commencer son ascension vers le trône du succès.

Modifiez votre apparence physique afin que celle-ci devienne le signe extérieur visible de la beauté de votre caractère, de la force de votre volonté.

CHAPITRE VII

Quelques Conseils Pratiques

La vanité vous empêchera
d'atteindre au succès ; débar-
rassez-vous de ce poids en-
combrant.

LORSQUE le tramway s'éloigne
vous devez courir pour le rattra-
per. Vous devez courir égale-
ment et donner un effort personnel pour atteindre le succès.

Mais une fois assis dans le tramway vous
pouvez vous reposer un moment. On n'est
jamais assis pour longtemps dans le train

du succès. Ne croyez pas, parce que vous avez pris votre place, que vous la garderez. Un autre, cent autres, mille autres sont prêts à vous déloger et à s'asseoir à votre place. Il faut un effort pour conquérir le succès, il faut un effort pour le conserver. Cet effort doit être continu, et le meilleur stimulant pour soutenir un pareil effort, c'est le désir de faire mieux et de battre vous-même votre propre record en employant les principes de la Pensée Nouvelle.

Ne dites pas « imposssible de faire mieux que je fais » et, surtout, ne croyez pas ceux qui vous disent que vous êtes parfait et que nul ne peut vous égaler. Ceux-là sont des flatteurs prêts à se jouer de votre vanité, si, par malheur, vous prêtez l'oreille à leurs discours intéressés. Ne les écoutez pas et n'écoutez pas votre propre voix si elle vous dit que vous avez bien travaillé et qu'il ne vous reste rien à faire.

Il reste toujours quelque chose à faire. Si vous avez obtenu un grade, une fonction, une autorité, cela ne vous dispense pas de travailler. Vous devez faire effort pour obtenir le grade supérieur, la fonction au-dessus, l'autorité plus grande.

Napoléon s'approcha un jour de quelques grenadiers qui travaillaient à un retranchement. L'un d'eux, sans rien faire, gourmandait les autres.

— Pourquoi, lui dit Napoléon, n'avez-vous ni pelle, ni pioche?

— C'est moi, répliqua l'autre, qui commande ici. Je suis sergent.

— Eh bien, Monsieur le sergent, continuez à commander, lui dit Napoléon, mais, comme le travail presse, moi je vais prendre une pioche.

Le sergent comprit et s'attela à la besogne.

Si un homme, enflé par quelque succès, cesse de travailler, il est aussi sot que le sergent et mérite de recevoir une leçon.

Un caractère énergique manifeste toujours son énergie. Un homme de valeur n'est jamais ni vaniteux, ni suffisant. Il croit toujours qu'il a à apprendre et c'est parce qu'il apprend toujours qu'il est en progrès constant.

Combien d'ouvriers sont restés ouvriers, combien de contremaîtres se sont arrêtés à ce grade, qui seraient devenus patrons s'ils avaient continué leur effort ? Combien d'artistes, de littérateurs, ont connu les premiers succès et ont, par leur faute, interrompu une carrière qui pouvait et devait être brillante ?

Dites-vous bien que vous n'êtes qu'une unité parmi les milliers d'êtres humains qui vous entourent et que ce qui fait votre valeur, c'est votre travail et l'exercice de votre volonté. Cessez de penser à vous-même pour penser au but à atteindre. Et ce but, ne craignez pas de le placer trop loin ou trop haut. Élargissez votre ambition et, par là même, élargissez votre esprit. Il y a tant à apprendre, il y a tant à agir dans le vaste monde. Vous asseoir dans un coin, regarder votre image dans un miroir et vous trouver beau, cela vous amusera peut-être un instant, mais cette occupation ne contribuera pas à votre avancement mental ou à votre succès matériel.

La vanité, l'amour-propre, sont déjà bien

peu sympathiques chez un grand homme et le déprécient fort. Chez celui qui n'est pas encore un grand homme, c'est un vice rédhibitoire qui l'empêchera de jamais devenir grand homme.

L'imbécile qui parle, au club, de la fortune de son père ne fera jamais fortune lui-même. La femme qui s'enorgueillit de ses dentelles verra venir le jour où elle n'aura plus le moyen de les acheter. L'auteur qui s'admire dans son ouvrage sera le seul à éprouver ce sentiment.

Ne vous attachez pas ces lisières que sont dans la vie la vanité et le contentement de soi. Rien n'est ridicule comme celui qui s'occupe continuellement de sa personnalité.

Tel petit jeune homme ne peut dire une phrase sans qu'elle commence par Moi ou Je. Pendant qu'il nous fait connaître sa manière de voir (bien supérieure évidemment à celle des autres), ces autres, eux, au lieu de songer à leur moi, songent au succès et arrivent au succès.

Un succès obtenu doit être un succès oublié. Un autre doit venir à la suite.

Pensez, si vous voulez, à vos insuccès et encore n'y pensez que pour voir par où vous avez péché et pourquoi vous n'avez pas réussi.

Puis, oubliez votre insuccès, oubliez le passé, ne songez qu'à l'avenir. Ne pensez plus à ce que vous avez fait mais à ce que vous allez faire, à la façon dont vous allez le faire.

Ne pensez pas à vous-même, pensez au but poursuivi, à l'objet de vos efforts. Que cet objet soit digne de vous, que votre effort pour l'obtenir soit sincère et vous réussirez.

Quant à la louange, recherchez-là, mais par votre effort à faire toujours mieux; ne vous la décernez pas vous-même, et si vous arrivez à obtenir la considération des autres, soyez en fiers, mais juste comme il convient et avec l'idée que vous avez encore beaucoup à faire pour la mériter.

TABLE DES MATIÈRES

—

Pages

Introduction... ... ...   **7**

CHAPITRE PREMIER. — Puissance de la
Volonté individuelle et
collective **11**

—   II. — La Volonté de Jeanne
d'Arc **25**

—   III — J'arriverai au sommet   **33**

—   IV — Principe fondamental...   **49**

—   V — L'ambition humaine et
la pensée **57**

—   VI — L'Apparence et la Pensée   **67**

—   VII — Quelques conseils pra-
tiques... ... ...   **73**

Imprimerie de la Pensée Nouvelle, 15, rue du Louvre, Paris.

G. A. MANN

LE PRÊTRE
peut-il faire
DES MIRACLES?

Un volume in-8° carré, 1912. . . . . 2 fr. 50

TABLE DES CHAPITRES. — *Le Prêtre.* — *Jésus.* — *Une Mission grandiose.* — *Ego te absolvo.* — *L'Idéation.* — *Amour et Personnalité.* — *La Psychologie sociale.* — *La Pensée créatrice.* — *La Pensée curatrice.* — *Modus Operandi.* — *Le Problème social.* — *Appendices.*

Voici, abordé avec une remarquable largeur de vues, un problème de haute science. Par une suite de déductions grandioses, le puissant esprit qui a posé les bases de la méthode idéative, tire, de principes incontestables, les conséquences les plus merveilleuses.

Le rôle du Prêtre est tracé par un homme familier avec les études religieuses mais qui ne s'est inféodé à aucune église. Avec toute la liberté de son jugement et de son intelligence il ouvre la voie large où le prêtre peut s'engager en répandant autour de lui les bienfaits qu'il doit, de par son caractère même, prodiguer aux fidèles. Jamais ne s'est ouvert un champ plus large à l'esprit évangélique. Et le témoignage que porte G. A. MANN est d'autant plus digne de foi et de respect que ce témoignage non seulement est désintéressé mais constitue en outre, de la part de l'auteur, l'abandon bénévole, au profit de tous, des pouvoirs, mystérieux en apparence, qu'il a su découvrir.

G. A. MANN, ÉDITEUR, RUE DU LOUVRE, 15, PARIS